RECHERCHES
HISTORIQUES ET PHYSIOLOGIQUES
SUR LA
GUILLOTINE,
ET
DÉTAILS SUR SANSON:

OUVRAGE RÉDIGÉ SUR PIÈCES OFFICIELLES

PAR

M. LOUIS DU BOIS,

Ancien Bibliothécaire de l'Ecole centrale de l'Orne ; Membre de plusieurs Académies
de Paris, des Départemens et de l'Etranger.

A PARIS
CHEZ FRANCE, LIBRAIRE-ÉDITEUR,
QUAI MALAQUAIS, N° 19,

1843.

In the interest of creating a more extensive selection of rare historical book reprints, we have chosen to reproduce this title even though it may possibly have occasional imperfections such as missing and blurred pages, missing text, poor pictures, markings, dark backgrounds and other reproduction issues beyond our control. Because this work is culturally important, we have made it available as a part of our commitment to protecting, preserving and promoting the world's literature. Thank you for your understanding.

RECHERCHES
SUR LA GUILLOTINE.

Puisque la peine de mort subsiste encore dans nos codes criminels, il est juste d'en adoucir l'exécution, d'autant plus que, le juge n'étant pas infaillible, on doit toujours craindre que cette peine irréparable ne soit injustement appliquée.

Les amis de l'humanité pensaient avec raison que ce supplice, dont la société n'a pas le droit d'user, même à l'égard des hommes incontestablement reconnus coupables, devait, tant qu'on l'applique, se borner à la seule privation de la vie, sans tortures et sans souffrances inutiles, puisque, disait l'Assemblée Législative dans le considérant de son décret d'urgence du 25 mars 1792, « l'humanité exige que la » peine de mort soit la moins douloureuse possible dans son » exécution. »

Déjà, éclairés par l'italien Beccaria, par Voltaire et par Valazé, les législateurs avaient supprimé la question, ce supplice si cruel et si prolongé, qui n'était propre qu'à soustraire l'homme robuste à la punition et à faire confesser à l'être de faible constitution les crimes qu'il n'avait pas commis.

Cette auguste Assemblée Constituante, la plus illustre de

nos représentations nationales, celle dont le talent et le courage opérèrent les plus importantes réformes, soit politiques, soit législatives, qui avaient consommé notre grande régénération de 1789, s'empressa, dans le cours de ses premiers travaux, d'améliorer notre Code Pénal, si défectueux, si barbare et si atroce.

Le docteur Guillotin, le même qui avait l'un des premiers réclamé pour le tiers-état, c'est-à-dire la nation, une représentation qui fût convenable, le même dont la voix s'était élevée contre le préjugé qui entachait d'infamie les familles des condamnés, demanda la parole (le 28 novembre 1789) pour présenter le mardi suivant (1er décembre) un rapport sur la réformation de notre jurisprudence criminelle, en ce qui concerne les peines et le préjugé dont nous venons de parler. Nous regrettons que l'Assemblée n'ait pas ordonné l'impression de ce rapport très étendu : elle ne le fit pas, parceque elle en renvoya la discussion à l'époque prochaine où l'on s'occuperait du Code Criminel. La précieuse composition de Guillotin, restée manuscrite, n'a pu être retrouvée dans les papiers que ce philanthrope, mort le 26 mai 1814, laissa à ses héritiers. Je ne peux qu'en rapporter les articles formulés qu'il proposait d'examiner et de convertir en loi. Je les emprunte au *Journal des Débats et des Décrets* (Séance du 1er décembre 1789 ; pages 7 et 8).

Les voici tels que cette feuille les rapporte :

« I. Les délits du même genre seront punis par le même genre de peine, quels que soient le rang et l'état du coupable. — II. Dans tous les cas où la loi prononcera la peine de mort contre un accusé, le supplice sera le même, quelle que soit la nature du délit dont il se sera rendu coupable : le criminel sera décapité ; il le sera par l'effet d'un simple mécanisme. — III. Le crime étant personnel, le supplice quelconque d'un coupable n'imprimera aucune flétrissure à sa famille. L'honneur de ceux qui lui appartiennent ne sera nullement taché, et tous continûront d'être également admissibles à toutes sortes de professions, d'emplois et de dignités.—IV. Nul ne pourra reprocher à un citoyen le supplice quelconque d'un de ses parens. Celui qui osera le faire sera publiquement réprimandé par le juge. La sentence qui interviendra sera affichée à la porte du délinquant. De plus, elle sera et demeurera affichée au pilori pendant trois mois. — V. La confiscation des biens des condamnés ne pourra jamais être prononcée en aucun cas. — VI. Le cadavre d'un homme supplicié sera délivré à sa famille, si elle le demande. Dans tous les cas, il sera admis à la sépulture ordinaire, et il ne sera fait sur le registre aucune mention du genre de mort ».

L'Assemblée n'adopta provisoirement que le premier article, tout en donnant son assentiment aux principales dispositions qui le suivaient : elle arrêta que son président supplirait le roi de donner des ordres pour que le mode actuel de décapitation fût changé, et qu'à l'avenir cette amputation fût exécutée par l'effet d'un simple mécanisme. On remarqua dans cette courte discussion que l'abbé Maury s'opposa à la décapitation, parceque, dit-il, « ce genre de supplice « pourrait accoutumer le peuple à l'effusion du sang ». C'est ce que plusieurs autres personnes ont répété sans fondement, car dans les cataclysmes politiques qui ont inondé de sang humain la terre effrayée, cette populace hébétée et féroce qui, comme dit Montaigne, déchiquète les cadavres et s'en donne jusque aux coudes, fait mieux et plus vite de ses propres mains, que ne peuvent effectuer les machines même les plus expéditives. Ils n'avaient pas recours aux instrumens de supplice, les monstres qui, égarés par le fanatisme, ont égorgé tant de millions d'hommes, ni les scélérats qui, exaltés par les passions politiques, massacrèrent tant de victimes dans les prisons de Paris en 1418 et en 1792. Croit-on que la fureur populaire qui, en trois jours immola au 2 septembre 966 victimes, n'en eût frappé, dans les 718 jours que dura le Tribunal révolutionnaire, que 2,742? La Guillotine d'ailleurs agit-elle plus promtement que la corde?

Dans le plan de réformation du Code Pénal, proposé par Guillotin, l'Assemblée, qui, ainsi que le public, l'entendit avec beaucoup d'intérêt, remarqua la proposition de n'adopter qu'un seul genre de supplice pour tous les crimes, et de substituer à la main du bourreau une *pièce mécanique* qui tranchât rapidement et à peu près sans douleur la tête du coupable.

A la séance du 21 janvier 1790, les articles proposés à la fin de la séance du 1er décembre précédent furent convertis en décret. En conséquence, l'honneur des parens d'un condamné ne fut plus entaché, et ils furent reconnus tous également admissibles à toutes sortes de professions, d'emplois et de dignités. La confiscation fut supprimée. Le corps du supplicié ne put être refusé à celui de ses parens qui le réclamerait. C'était incontestablement un grand pas fait dans la carrière où l'Assemblée était entrée si courageusement et qu'elle parcourait avec autant de sûreté que de promtitude. Avant la révolution, « la tête tranchée (dit Saint-Simon, t. XVIII, p. 166) n'influait en rien sur la famille de l'exécuté; mais la roue y infligeait une telle infamie, que les oncles, les tantes, les frères et sœurs, et les trois premières générations suivantes, étaient exclus d'entrer dans aucun noble chapitre, etc ». Malgré les priviléges dont jouissait la noblesse, le comte d'Horn n'en fut pas moins rompu vif le 26 mars 1720, pour crime d'assassinat.

Le Code Pénal décrété le 25 septembre 1791 adopta les plus sages réformes. Voici ses articles 2 et 3 : « La peine de mort consistera dans la simple privation de la vie, sans qu'il puisse jamais être exercé aucune torture envers les condamnés. — Tout condamné aura la tête tranchée ».

Ainsi, la Roue, l'Ecartèlement, le Bûcher, la Corde furent supprimés ; la torture fut anéantie avec le luxe d'appareil effroyable qui employait les brodequins, les chevalets, la distension et la dislocation des membres, les tenailles, le fer ardent, le plomb fondu et l'huile bouillante, tels qu'on les employa en 1757, pour le martyre de Damiens, qui pourtant n'avait effleuré Louis XV que d'un coup de canif.

Le principe de la décollation ayant été adopté, il fallait s'occuper du mode d'exécution, réclamé par plusieurs tribunaux qui avaient condamné à mort quelques criminels dont le supplice se trouvait nécessairement suspendu : ce qui avait l'inconvénient de retarder leur punition et de les faire languir dans une attente cruelle.

Ce fut dans cette circonstance que l'exécuteur Sanson adressa aux administrateurs du département de Paris des observations fort convenables qui ne sont pas connues, et que nous donnons dans nos Pièces Justificatives, n° II.

Il s'agissait donc de trouver au plus tôt une machine propre à faire tomber la tête du patient, le plus promtement qu'il serait possible, non pas sans l'intervention du bourreau, mais au moins en n'employant son ministère que pour ce qui en était indispensable, et en procédant d'une manière qui fût en même tems la plus sûre, la plus rapide et la moins douloureuse.

La décollation avec le damas, telle qu'on l'appliquait à ceux des criminels qui étaient nobles, offrait de graves inconvéniens; et le supplice du comte de Lally, en 1766, et quelques autres du même genre, avaient prouvé que le bourreau, même le plus exercé, n'avait ni le bras ni le coup-d'œil assez sûrs pour qu'il pût répondre qu'il ferait toujours d'un seul coup voler la tête, et qu'il n'atteindrait que le col du condamné(1). Un tel talent n'est, à ce qu'il paraît, le partage que des guerriers orientaux.

Les docteurs Guillotin et Louis avaient fait des recherches qu'ils continuèrent tandis qu'un artiste allemand, dont nous parlerons plus bas, perfectionnait la machine à décapiter depuis long-tems connue.

Entre autres instrumens à décapiter que nous pourrions citer nous nous bornerons aux suivans qui ont tous plus ou moins de ressemblance avec la Guillotine que la France adopta en 1792.

La machine qui servait au supplice des nobles en Ecosse dans le XVIe siècle était, dit Robertson, « un tranchoir arrêté dans un cadre et qui, glissant sur deux coulisses, tombait sur le col du patient ».

L'abbé de La Porte (*Voyageur Français*, t. XIX, p. 317) s'exprime ainsi : En Ecosse, « la noblesse est décapitée d'une manière particulière à ce pays. L'instrument dont on se sert est une pièce de fer carrée, large d'un pied, dont le tranchant est extrêmement affilé. A la partie opposée est

(1) Voir dans nos Pièces Justificatives le Mémoire inédit, très curieux, rédigé à cet égard par Sanson et dont nous avons parlé.

un morceau de plomb d'une pesanteur si considérable qu'il faut une très grande force pour le remuer. Au moment de l'exécution, on l'enlève au haut d'un cadre de bois à dix pieds d'élévation et, dès que le signal est donné et que le criminel a le col sur le billot, l'exécuteur laisse librement tomber la pièce de fer qui ne manque jamais du premier coup de séparer la tête du col. »

C'est évidemment en songeant à cet instrument que Guillotin s'exprima ainsi le 1er décembre 1789 : « Avec ma machine je vous fais sauter la tête d'un coup-d'œil et vous ne souffrez point ». Cette inadvertance, qui échappa à cet homme d'un esprit si judicieux, fit un peu rire la grave assemblée s'occupant pourtant d'une question grave (2).

Deux gravures allemandes (toutes deux sur cuivre, et, dans la proportion de 4 à 5 p. de hauteur sur 2 à 3 de largeur) offrent un instrument de mort, qui a pu donner l'idée de notre Guillotine.

(2) Les Actes des Apôtres, avec la frivolité parfois fort déplacée qu'ils mêlaient aux questions les plus sérieuses, trouvèrent comme en tout le petit mot pour rire dans le projet pourtant fort louable de Guillotin, auquel d'ailleurs ils ne pardonnaient pas d'avoir l'un des premiers réclamé pour le Tiers-État une Représentation qui ne fût pas illusoire ; ils donnèrent dans le mois de décembre 1789 une chanson sur l'air *du Menuet d'Exaudet*, et qui a pour titre : « Sur l'inimitable Machine du médecin Guillotin propre à couper les têtes et dite de son nom Guillotine ». Nous la reproduirons à la fin de cette brochure ; mais nous n'en ferons pas autant d'une chanson érotique d'autant plus inconvenante qu'elle fut composée à l'époque des plus atroces hécatombes du Tribunal Révolutionnaire ; elle commence par ces deux vers :

La Guillotine est à Cythère
De mode comme en ce pays...

C'était l'époque où Hébert (le Père Duchesne) avait créé d'horribles locutions sur le même sujet, telles qu'Eternuer dans la besace, Demander l'heure par la fenêtre nationale, etc.

La première, due à Pentz, offre la machine posant à terre; le criminel est à genoux; le bourreau debout à la gauche des spectateurs est prêt à laisser tomber un couperet contenu entre deux montans à jour, et non à coulisses, qui le contiennent intérieurement comme dans les autres machines que nous connaissons.

La seconde planche porte la date de 1553 : elle est de H. Aldegrever. L'appareil est plus élégant que le précédent. Le couperet est contenu entre deux coulisses, et prêt à tomber quand l'exécuteur va lâcher la corde qui l'arrête. Cette gravure, comme la précédente, indique par le mot MANLIUS que l'artiste a voulu représenter le supplice du fils de cet implacable romain qui veut faire respecter la discipline militaire. Nous ne trouvons pas l'instrument dont il s'agit chez les anciens : mais ces graveurs allemands ont assurément représenté pour un supplice dont ils ignoraient la forme, une machine en usage de leur tems : aussi peu fidèles au *costume* que ces peintres qui représentaient les soldats du crucifîment avec le fusil sur l'épaule, sainte Elizabeth portant des lunettes et la Vierge-Marie disant son chapelet.

On connaissait aussi en Allemagne un mode de supplice analogue aux précédens : car Lucas de Cronach, peintre et graveur en bois à Wirtemberg au commencement du XVIe siècle, nous a laissé une gravure in-4° (la 7e de son œuvre) qui représente un supplice du tems et du pays : le patient est prosterné à genoux; le fer à décoller est suspendu par une corde au moyen de laquelle on le fait tomber sur le col qui ne peut ainsi manquer d'être séparé du corps. Le fer est retenu par cette corde au-dessus de la tête du patient, qu'un des bourreaux tient assujétie.

Passons du nord au midi.

En Italie, Achille Bocchi a fait grayer dans son livre imprimé pour la première fois en 1555 (*Symbolicæ quæstiones de universo genere,*) in-4°, la figure d'une machine à décapiter. Les estampes de ce volume curieux, qui eut plusieurs éditions, sont dues à Jules Bonasone : la machine fait le sujet de la dix-huitième planche (3). L'appareil est comme notre Guillotine, élevé sur un échafaud auquel on monte par une échelle. La hache carrée est placée au haut de deux coulisses, réunies ensemble à leur sommet par une traverse. Le bourreau, comme dans les machines allemandes, est debout à gauche du spectateur prêt à lâcher de la main gauche la lame meurtrière. Le patient, escorté par des soldats en costume antique, arrive au pied de l'échafaud ; évidemment c'est la répétition des Manlius allemands.

Il n'y a pas de doute que chez Bocchi, comme chez Pentz et Aldegrever, l'instrument de mort n'est autre chose que cette Mannaja ou Mannaia des Italiens que les lexicographes définissent : Hache à trancher la tête. C'est sans doute de cette *Mannaia* que l'on fit usage pour l'exécution que décrit ainsi Jean d'Authon dans ses chroniques, et qui eut lieu à Gênes le 13 mai 1507, sur Démétrius Giustiniani, auteur d'une tentative pour soulever contre Louis XII ces Génois qui voulurent une fois se *donner* à lui et qu'il *donnait* toujours au diable. « Le condamné, dit d'Authon, étendit le col sur le chappus (la pièce de charpente, le billot); le bourreau print une corde à laquelle était attaché un gros

(3) C'est le XVIII° des 151 Symboles de cette édition beaucoup plus complète que celle de 1574, qu'on cite à tort comme une réimpression entière.

bloc; à tout une doulouère tranchante, hantée dedans, venant d'amoht entre deux pôteaux ; et tira la dite corde, en manière que le tranchant à icelui Génevois (Génois) tomba entre la tête et les épaules, si que la tête s'en alla d'un côté et le corps tomba de l'autre ».

En France même une machine à décoller, quoique sans nul doute fort peu usitée, n'était pourtant pas chose tout à fait nouvelle. On lit dans les Mémoires de Puységur (p. 107, édition de 1690 publiée par Du Chesne) que le maréchal de Montmorenci fut ainsi décapité à Toulouse en 1632 : « En ce pays-là, on se sert d'une doloire qui est entre deux morceaux de bois, et quand on a la tête posée sur le bloc, on lâche la corde, et cela descend, et sépare la tête du corps». C'est toujours la Mannaia dont le dominicain Labat parla en 1730 dans son Voyage en Italie (t. VII, p. 22 et et 23) et que nous avons citée plus haut ; c'est aussi sans doute la machine génoise, car dans l'une et dans l'autre il est toujours question d'une doloire , parceque le fer à trancher la tête ressemblait à cet outil.

Au reste voici ce que rapporte Labat qui décrit fort bien la machine qu'il avait vue en Italie lors du voyage qu'il y fit. « C'est avec la Mannaia qu'on coupe la tête. Cette manière est très sûre et ne fait point languir un patient, que le peu d'adresse d'un exécuteur expose quelquefois à recevoir plusieurs coups avant d'avoir la tête séparée du tronc. Ce supplice est pour les gentilshommes et les ecclésiastiques. Quelques crimes qu'ils aient commis, il est rare qu'on les fasse mourir en public. On les exécute dans la cour de la prison, les portes fermées et en présence de très peu de personnes.

« L'instrument, appelé Mannaia, est un chassis de 4 à 5

pieds de hauteur, d'environ 15 pouces de largeur dans œuvre. Il est composé de deux montans d'environ 3 pouces en carré, avec des rainures en dedans, pour donner passage à une traverse en coulisse... Les deux montans sont joints l'un avec l'autre par trois traverses à tenons et à mortaises, une à chaque extrémité, et une environ à 15 pouces au-dessus de celle qui ferme le chassis. C'est sur cette traverse que le patient à genoux pose son cou. Au-dessus de cette traverse est la traverse mobile en coulisse qui se meut dans les rainures des montans. Sa partie inférieure est garnie d'un large couperet de 9 à 10 pouces de longueur et de 6 pouces de largeur, bien tranchant et bien aiguisé. La partie supérieure est chargée d'un poids de plomb de 60 à 80 livres fortement attaché à la traverse. On lève cette traverse meurtrière jusque à 1 pouce ou 2 près de la traverse d'en haut à laquelle on l'attache avec une petite corde, lorsque le barigel fait signe à l'exécuteur : il ne fait que couper cette petite corde et la coulisse tombant à plomb sur le cou du patient le lui coupe tout net et sans danger de manquer son coup ».

La machine décrite depuis Labat par l'auteur anonyme du *Voyage hist. et polit. de Suisse, d'Italie et d'Allemagne*, (Francfort, 1736 — 1743 : t. 1er, p. 185) est la Mannaia dont nous venons de lire la description.

Revenons à la France et à notre Guillotine.

Lorsque en 1792 il fallut enfin mettre à exécution le nouveau mode de supplice, il s'établit officiellement une correspondance remarquable dont nous allons extraire le plus important.

À la fin de février 1792, le deuxième tribunal criminel de Paris qui, le 24 janvier précédent, avait condamné à mort Nicolas-Jacques Pelletier, convaincu de vol avec violence sur la voie publique (à Paris dans la rue Bourbon-Villeneuve, le 14 octobre 1791), se disposait à faire exécuter son jugement le mercredi 7 mars. Le greffier de ce tribunal demanda au procureur-général syndic Rœderer, si la machine à décoller était en état de fonctionner très prochainement. Ce fonctionnaire, dont l'activité égalait les grands talens, s'empressa de s'adresser au docteur Louis, puis au docteur Guillotin, son ancien collègue à l'Assemblée Constituante, pour mettre enfin un terme aux retards prolongés dont on se plaignait avec raison. On ne s'était encore arrêté à aucune méthode, et il fallait pourtant aboutir à quelque résultat.

Voici l'extrait d'une lettre du ministre de la Justice (4), en date du 3 mars, adressée au président de l'Assemblée Législative. « L'établissement des nouveaux tribunaux criminels, dit le ministre, m'engage à fixer l'attention de l'Assemblée Nationale, sur un objet dont l'humanité voudrait pouvoir toujours détourner ses regards. Dans la condamnation à mort nos nouvelles lois ne voient que la simple privation de la vie. Elles ont adopté la décollation comme la peine la plus conforme à ce principe. A cet égard elles se sont trompées; ou du moins, pour atteindre ce but, il faut chercher et généraliser une forme qui y réponde, et que l'humanité éclairée perfectionne l'art de donner ainsi la mort. L'Assemblée me permettra de ne pas entrer dans des détails que j'ai été condamné à entendre : espèce de supplice que quel-

(4) C'était cet excellent Du Port du Tertre qui, condamné injustement à mort le 28 novembre 1793, et s'étant levé sans daigner regarder le Tribunal révolutionnaire, dont le président lui demandait s'il avait quelque chose à dire pour sa défense, se borna à ces nobles paroles : « Les révolutions tuent les hommes, la postérité les juge. » Il dit, et se rassit avec dignité.

ques-uns de ses membres voudront bien partager pour être en état de lui faire le rapport. Je me contenterai de dire ici qu'il résulte des observations qui m'ont été faites par les exécuteurs que, sans des précautions du genre de celles qui ont fixé un moment l'attention de l'Assemblée Constituante, le supplice de la décollation sera horrible pour les spectateurs : ou il démontrera que ceux-ci sont atroces s'ils en supportent le spectacle, ou l'exécuteur effrayé lui-même sera exposé à toutes les suites de la colère du peuple devenu cruel et injuste à son égard par humanité. Je n'ai pas besoin de faire sentir à l'Assemblée Nationale combien cet objet sollicite une promte décision : car déjà le cas est arrivé où l'application de la loi est devenue nécessaire, et l'exécution est arrêtée par l'humanité des juges et par l'effroi de l'exécuteur. »

L'Assemblée Nationale fut en même tems (le 3 mars 1792) informée par les administrateurs du Directoire du département de Paris que le deuxième tribunal criminel, étant dans le cas de faire exécuter un jugement de mort, priait de déterminer comment cette peine s'exécuterait; qu'en conséquence ils pensaient qu'il était nécessaire de rendre un décret sur le mode d'exécution.

Le Comité de Législation fut chargé le même jour (3 mars 1792) de faire à ce sujet un rapport qui fut présenté le 20 du même mois par Carlier, député de l'Aîne, et non de l'Oise, comme on a dit mal à propos dans une publication récente. Dans ce rapport, Carlier fit remarquer les difficultés qui s'élevaient sur le mode de décollation, difficultés « telles qu'on différait dans divers endroits du royaume à faire subir au coupable la peine que son crime lui avait méritée ». C'était, ajoutait-il avec raison, plutôt une question d'anatomie que de législation », sur laquelle le Comité s'était adressé au savant Secrétaire Perpétuel de l'Académie de chirurgie (Le docteur Louis, mort peu de tems après : le 20 mai 1792). Carlier terminait en disant que les pièces qu'il communiquait (la lettre du ministre de la Justice, celle des Administrateurs du dép. de Paris, et la consultation du docteur) fesaient connaître la nécessité de décréter le mode d'exécution, afin qu'il fut uniforme pour tout le royaume, que la peine fût légalement appliquée, la même pour tous, et qu'on ne consultât plus de nouveau l'Assemblée sur une question aussi pénible à traiter ».

L'Assemblée adopta le mode indiqué par le docteur Louis et autorisa le Pouvoir Exécutif à faire les dépenses nécessaires pour la confection des machines qui devaient être uniformes dans tout le royaume.

Le docteur Louis adressa le 7 mars son *Avis* motivé sur le mode de décollation. Nous le réimprimons dans nos Pièces Justificatives, tel qu'il le rédigea et que l'Assemblée Législative l'annexa à son décret du 25 mars 1792.

Cependant Laquiante, commissaire du roi près le tribunal criminel du département du Bas-Rhin, avait, dès le mois de février, chargé un habile artiste nommé Schmidt (5), résidant à Strasbourg, de faire le modèle d'un nouveau mode de décollation. Dessiné par Laquiante lui-même, qui ne le proposa au Ministre de la Justice que le 27 avril, l'appareil en projet fut soumis à l'Académie de Chirurgie. La machine devait se composer de deux espèces de haches, l'une convexe, l'autre concave, dont la première, tombant sur le col du patient, placé sur la seconde, devait en couper promte-

. (5) Fabricant de clavecins et de pianos. Il paraît qu'il était Allemand, comme son nom l'indique.

ment les vertèbres. Comme ce modèle n'est pas connu, j'en donne la gravure à la fin de ces *Recherches*.

Le charpentier Guidon, chargé alors de la fourniture des bois de justice, et qui spéculait sur la répugnance qu'éprouvaient les artistes à exécuter un instrument de mort, avait demandé la somme de 5,660 fr. pour la confection de la nouvelle machine. Cette prétention exorbitante avait empêché de traiter avec lui.

Ce fut le 10 avril 1792 que l'on eut recours à Schmidt (quelques jours avant que Laquiante eût adressé son dessin). Le 17 avril, on fit à Bicêtre, sur trois cadavres, l'essai de sa machine en présence de Louis et sous les yeux de l'exécuteur Charles-Henri Sanson, ainsi que de deux de ses frères et de son fils. Les administrateurs du département de Paris ordonnèrent, dit Cabanis, « à l'administration des hôpitaux, dont j'étais membre alors, de faire faire l'essai du nouvel instrument sur un certain nombre de cadavres. Cet essai fut fait à Bicêtre. Le poids seul de la hache, sans le secours du mouton de 30 livres qui s'y adapte, tranchait les têtes avec la vitesse du regard ; et les os étaient coupés net ». Cette machine, dont la hache était d'abord façonnée en croissant, reçut bientôt, d'après les justes observations du docteur Louis, une disposition oblique, au moyen de laquelle, en tombant, elle tranchait à la manière des scies, de la manière la plus facile, la plus nette et la plus promte. C'est ainsi qu'elle fut définitivement adoptée ; mais, sur le rapport de l'architecte Giraud, on fit quelques améliorations aux coulisses pour accélérer sans obstacle la chute de la hache ; on reconnut en outre, d'après son devis, que l'instrument fatal pouvait, avec des bénéfices convenables, être livré en bon état pour 500 fr., au lieu de 812 fr., auxquels Schmidt s'était arrêté (6).

On ne tarda pas à faire le premier essai de la machine, que dès la fin de 1789, une chanson des Actes des Apôtres (7) avait désignée sous le nom de Guillotine, et qui fut un moment, en 1792, nommée Louison ou Louisette, à cause des soins que le docteur Louis avait apportés à sa meilleure construction. Le premier individu qui fut guillotiné fut exécuté à Paris le mercredi 25 avril 1792, avant que la machine eût reçu ses derniers perfectionnemens. Ce fut ce Pelletier dont nous avons parlé plus haut, et qui attendait son sort depuis le 24 janvier. L'opération eut un plein succès. Mais, comme on n'avait pas d'abord pris la précaution de faire en cuivre les deux coulisses, telles que les avait proposées Giraud, il ne tarda pas à arriver quelques accidens fâcheux : lors d'une exécution qui eut lieu vers la fin de juillet, le col d'un patient ne fut pas complètement coupé.

Les premiers individus accusés de délits politiques, qui soient tombés sous le fer de la Guillotine, furent condamnés par le tribunal chargé de juger les crimes du 10 août 1792, que créa le décret du 17 du même mois. Ce furent : 1° Louis-David Collenot d'Angremont, employé dans les bureaux de l'Hôtel-de-Ville : exécuté le 21 auguste; — 2° De La Porte, intendant de la Liste Civile : le 24 ; — 3° Farmain de Rosoi, rédacteur de *la Gazette de Paris* : le 25 (8).

(6) Ce prix même était encore trop élevé : un devis, que le procureur-général-syndic fit dresser le 5 juin par un architecte, prouva qu'on pouvait donner la machine bien conditionnée, pour 305 fr., et le sac de peau destiné à recevoir la tête, moyennant 24 fr.

(7) Nous la donnerons : Pièces Justificatives, n. III.

(8) Durant les 105 jours de son existence, ce tribunal prononça 25 condamnations à mort.

Peu de tems après le supplice de Pelletier, Schmidt avait expédié ses machines dans plusieurs départemens, à Versailles, d'abord, moyennant le prix qui, pour toutes, fut payé par le gouvernement.

On lit dans *les Révolutions de Paris* (N° 146, du 21 au 28 avril 1792, p. 177) l'inscription suivante, proposée pour la Guillotine :

> « Et la garde qui veille aux barrières du Louvre
> N'en défend pas nos rois.
>
> MALHERBE ».

C'était seulement neuf mois avant le 21 janvier 1793!... peu de tems avant que les journaux imprimassent ces deux vers :

> La sainte Egalité règne aux lieux où les lois,
> Quand ils sont criminels, n'épargnent pas les rois.

Dans une lettre de Chaumette (9), procureur de la commune de Paris, qui fut guillotiné le 13 avril 1794, je remarque ce qu'il écrit au procureur-général-syndic relativement à ce qui venait de se passer aux exécutions de la fin d'avril et du commencement de mai 1792 : il se plaint de ce que, après les dernières exécutions publiques, « le sang des suppliciés demeure sur la place où il a été versé ; de ce que des chiens viennent s'en abreuver, et de ce qu'une foule d'hommes repaissent leurs regards de ce spectacle, qui porte les âmes à la férocité ». Malheureusement ce bon Anaxagoras Chaumette ne fut pas toujours si sensible. Bientôt l'expéditive machine fit tomber par centaines, dans le cours de 25 mois, 2,742 têtes, dont quelques-unes étaient augustes, plusieurs très illustres, et presque toutes regret-

---

(9) Une partie de la correspondance dont nous avons fait usage a été publiée par M. Jules Taschereau, dans son excellente *Revue Rétrospective* (Janvier 1835, p. 5 à 33).

tables à divers titres, jusque à ce que ceux qui avaient versé tant de sang, au nom de la Liberté et de la République qu'ils calomniaient, finissent heureusement par s'y noyer, aux acclamations vengeresses de l'indignation publique.

> Exterminez, grands Dieux ! de la terre où nous sommes,
> Quiconque avec plaisir verse le sang des hommes :

c'est ce que l'on applaudissait avec enthousiasme au théâtre, lors des représentations du *Mahomet* de Voltaire.

Une caricature de 1795 a représenté l'exécuteur Sanson, n'ayant plus personne à guillotiner, finissant le dénoûment d'un drame si atroce par se guillotiner lui-même en personne.

D'après les détails que nous avons vus et qui sont de la plus grande exactitude, ce n'était ni Guillotin, ni Louis qui devaient donner leur nom à la machine à décoller, que Schmidt même n'avait fait que perfectionner d'après d'anciens instrumens connus : mais la nouvelle machine, qui ne date réellement que de 1792, était déjà *nommée* par la chanson des Actes des Apôtres, dès le mois de décembre 1789; et le nom que le chansonnier avait donné en riant, se popularisa et devint définitif dans le pays où, comme dit Beaumarchais,

> Tout finit par des chansons.

Quoi qu'il en soit, le docteur Guillotin eut tort de s'affliger de voir son nom donné à une machine de mort, puisque cet instrument est un adoucissement, tout philanthropique, apporté aux anciennes exécutions.

SUR LE SUPPLICE DE LA GUILLOTINE.

L'Assemblée Constituante et la philanthropie n'auraient pas atteint le but qu'elles se proposaient, si le nouveau supplice n'avait pas été le plus humain de tous ceux que l'on pouvait employer. Il l'est en effet, et c'est ce qui résulte d'une discussion entre médecins très distingués, qui eut lieu en 1795, au moment où tous les esprits étaient si douloureusement affectés des exécutions du Tribunal Révolutionnaire et de la perte de tant et de si regrettables victimes. Nous allons rendre compte des écrits qui furent publiés à cet égard.

Millin inséra dans son *Magasin Encyclopédique* (T. III, p. 463) la traduction, faite par Oelsner, d'une dissertation allemande du savant anatomiste Soemmering. L'auteur, comme le traducteur, pensaient que la tête séparée du corps survivait à l'amputation, et que, par conséquent, la douleur et le supplice se prolongeaient quelque tems après la décollation (Voir notre *Essai sur Charlotte de Cordai*, p. 147). Le travail de Soemmering parut aussi dans *le Moniteur* (18 brumaire an IV : 9 novembre 1795) sous le titre de *Lettre de Soemmering à Oelsner*. Le même journal inséra sans tarder 1° le 20 brumaire une réfutation intitulée : *Sur le Supplice de la Guillotine*, par Georges Wedekind, médecin à l'hôpital militaire de Strasbourg ; 2° le 24 du même mois, une *Lettre* du docteur Le Pelletier au rédacteur, ayant aussi pour objet de réfuter le docteur allemand.

Le docteur Sue (*Magas. Encycl.* T.IV, p. 170) vint bientôt appuyer de son imposante opinion le sentiment de Soemmering et d'Oelsner ; mais, peu de tems après (au commencement de l'an IV), le savant Cabanis (*Magas. Encycl.* T. V, p. 155), juge si compétent, contesta la conclusion tirée de la rougeur réelle ou prétendue de la tête amputée de mademoiselle de Cordai. Il dit même que, quoique observateur très attentif, un médecin de ses amis et quelques autres témoins de l'exécution, n'avaient pas remarqué cette rougeur nouvelle qu'on prétend avoir couvert ses joues après sa décapitation.

Dans le même volume (p. 453) le docteur Léveillé, alors chirurgien à l'Hôtel-Dieu de Paris, réfuta aussi Soemmering et ceux qui partageaient son opinion. Il nie aussi que la tête de Charlotte de Cordai ait rougi. Pourtant, « je veux bien admettre, dit-il, la possibilité de cette rougeur ; elle me paraît purement mécanique. En effet, cette tête conservait, je ne dis pas sa force vitale, mais bien sa chaleur vitale. Le sang encore fluide et contenu dans les plus petits vaisseaux capillaires, s'écoule librement, lorsque tout-à-coup son cours est interrompu par l'impression violente de la main. Cet atroce procédé a rapproché les parois des vaisseaux ; le sang venant de la partie supérieure n'a pu passer au-dessous de l'endroit comprimé ; il s'en est amassé, en-dessus, une assez grande quantité pour produire une petite rougeur, que M. Sue attribue faussement, je crois, à un reste de jugement et de sensibilité. »

L'opinion des adversaires de Soemmering et de Sue prévalut, et depuis cette époque il ne fut plus question de la Guillotine (10) que pour attaquer ce mode d'exécution, considéré comme trop doux, d'abord par Cadet de Vaux, à propos d'une conspiration contre Bonaparte, et ensuite sous la Restauration, par le député Duplessis-Grénedan, qui aspirait à la résurrection de l'ancien régime, et voulait, en attendant, le rétablissement des roues et des gibets.

(10) Aux écrits que nous signalons, on peut joindre les brochures in-8º suivantes : *Réflexions hist. et physiol.* du D. Sédillot le jeune sur le supplice de la Guillotine ; Paris, an IV ; les *Anecdotes sur les Décapités* ; Paris, an V ; et une Notice hist. et physiol. sur le Supplice de la Guillotine, signée G. D. F. (M. Guyot de Fère), tirage à part de son article dans les *Archives curieuses,* de 1830.

DES EXÉCUTEURS,

ET

DE LA FAMILLE SANSON.

La charge d'exécuteur était, dans les anciennes monarchies, confiée à de grands personnages. Plus tard, les Grecs confièrent à des esclaves ce terrible ministère, dont, chez les Germains, les prêtres étaient pourvus, par ce motif bien connu qu'ils considéraient comme agréable aux dieux l'effusion du sang des criminels. En effet, les sacrifices de victimes humaines ne devaient être, en général, que le supplice de ces coupables, réservé pour les grandes époques de l'année.

L'exécuteur des jugemens criminels a porté différens noms depuis qu'on eut fait défense de l'appeler Bourreau. Maître de la haute justice du roi, Exécuteur de la haute justice, Maître des hautes-œuvres, et, momentanément, pendant les fureurs révolutionnaires, Vengeur du peuple : telles furent les diverses qualifications données à l'agent chargé par les tribunaux criminels de mettre à exécution leurs jugemens de condamnation.

Chez les Hébreux, le peuple lui-même mettait à mort les criminels; mais ce peuple avait ses questionnaires, chargés d'appliquer la question ou torture.

En Grèce, l'exécuteur n'était pas méprisé : il était compté au nombre des magistrats.

Les licteurs, à Rome, n'étaient pas toujours seuls chargés de mettre à mort les condamnés.

Dans le moyen-âge, en Europe, il arrivait souvent que les juges exécutaient eux-mêmes les arrêts de mort qu'ils avaient prononcés. En Allemagne, avant qu'un individu fût nommé en titre d'office, c'était le plus jeune citoyen de la ville qui était chargé d'exécuter les condamnés; à Reutlingen, en Suabe, c'était le conseiller reçu le plus nouvellement; en Franconie, le bourgeois le plus nouveau marié...

En 1312, à l'échiquier tenu à Rouen, à la Saint-Michel, le 29 septembre, on voulut charger les sergens de la vicomté de l'eau d'une exécution capitale, parceque il n'y avait pas d'exécuteur et qu'on ne pouvait trouver personne pour en remplir les fonctions. Ils refusèrent et gagnèrent leur cause; mais on leur imposa l'obligation de chercher, même au loin, aux dépens du roi, un homme qui voulût bien se dévouer à faire l'exécution. Dans le XVe siècle, à Paris, les sergens à verge du Châtelet remplissaient communément l'office de tourmenteur (questionnaire) juré du roi en cette juridiction.

Il paraît, par une ordonnance de Louis IX, en date de 1264, que, pour certains supplices, une femme était chargée de les infliger aux personnes de son sexe, « sans présence d'hommes ».

A l'époque de la révolution de 1789, le personnel des exécuteurs était beaucoup plus considérable qu'aujourd'hui. Le nombre des Justices qui pouvaient juger à mort était extrêmement multiplié ; mais le même exécuteur était quelquefois chargé des exécutions dans plusieurs Justices voisines. Le décret du 13 juin 1793 établit seulement, dans chaque département, près des tribunaux criminels, un exécuteur de leurs jugemens, et fixa son traitement. Ceux des anciens exécuteurs qui se trouvèrent sans emploi, reçurent des secours en attendant qu'on pût les placer.

Nos Recherches ne seraient pas complètes, si nous ne donnions pas quelques détails sur Sanson, cet Exécuteur fameux, qui, quoique chargé d'un cruel ministère, n'était pourtant nullement cruel. Ses ancêtres étaient de fort honnêtes gens; son petit-fils, l'exécuteur actuel, est un bel homme, d'une élégante et noble figure, et d'une physionomie très douce et très agréable.

Le nom de Sanson, exécuteur des jugemens criminels à Paris (11) pendant la révolution, se lie à l'histoire de la Guillotine dont la déplorable activité en 1793 et 1794 a plus particulièrement fait connaître ce nom, en le rappelant plus souvent.

Le Sanson, qui était en fonction durant les années que nous venons de citer, était le quatrième de sa famille et de son nom qui ait été à Paris pourvu de la charge d'Exécuteur.

(11) Un arrêt du Conseil d'état, en date du 12 janvier 1787, défendit de donner le nom de bourreaux aux Exécuteurs de la haute-justice. Cet arrêt était conforme dans cette disposition bienveillante aux Arrêts Notables du Parlement de Rouen, datés des 7 novem. 1681 et 7 juillet 1781. En 1794 on appela l'Exécuteur, le Vengeur

I. Originaire d'Abbeville (12), le premier, Charles Sanson, était en 1675 lieutenant dans une compagnie du régiment de La Boissière, gouverneur de Dieppe, lorsque il épousa la fille d'un exécuteur du pays. Vers 1684, Carlier, exécuteur à Paris, ayant été destitué, Charles Sanson fut appelé à le remplacer. Il mourut en 1695.

II. Son fils, Charles Sanson lui succéda; il paraît qu'il se démit le 30 auguste 1726 en faveur du suivant. Sa mort eut lieu le 12 septembre de la même année.

III. Charles-Jean-Baptiste Sanson, fils du précédent, fut nommé Exécuteur par lettres de provision du 9 septembre 1726 (13). Comme il était fort jeune, ses fonctions furent remplies par Prudhomme que le parlement de Paris en chargea jusque à ce que le titulaire eût atteint l'âge de seize ans. Il cessa de vivre le 4 auguste 1778.

IV. Son fils, l'aîné de ses dix enfans, Charles-Henri Sanson, né le 15 février 1739, exerçait depuis 1758 environ, lorsque il fut reçu à la fin d'auguste 1778. Le 26 décembre

---

du peuple. Une lettre du député Laignelot (21 prairial an II) donne ce dernier nom à Durand, Exécuteur à Laval, lequel avait adopté le prénom de Voltaire, de Voltaire qui avait écrit contre la peine de mort!...

(12) C'est aussi à Abbeville que naquit le créateur de la Géographie en France, Nicolas Sanson, à la famille duquel il paraît qu'appartenaient les Sanson dont nous nous occupons ici.

(13) On remarque dans ces lettres qu'il est expressément spécifié que Sanson professe la religion catholique, apostolique et romaine; qu'elles lui confèrent l'état et office d'Exécuteur des arrêts et sentences criminelles de la ville, prévôté et vicomté de Paris; mais que, en attendant qu'il ait atteint l'âge compétent, ses fonctions seront faites par Georges Hérisson, questionnaire de la même juridiction. C'est probablement le même individu que Prudhomme.

1789, il réclama de l'Assemblée Constituante les droits de Citoyen Actif que, dans la séance du 23 du même mois, l'abbé Maury contestait à ces agens. Charles-Henri Sanson fut secondé dans ses opérations depuis 1760 par son oncle, qui fut nommé questionnaire le 11 décembre 1779. Charles-Henri mourut le 4 juillet 1806 : il avait le 13 septembre 1790 donné, en faveur de son fils, sa démission, qu'il renouvela le 1er septembre 1795, et il obtint en l'an IV sa retraite pour cause d'infirmités. On sait que ce fut un de ses aides, Le Gros dit François, qui fit une crânerie maratiste en donnant des soufflets à la tête de Mlle de Cordai après son exécution, le 17 juillet 1793 : action répréhensible qui fut punie, comme elle devait l'être, même par le parti qui triomphait alors.

V. Henri Sanson, fils de ce dernier (14), né le 24 décembre 1767, fut nommé pour succéder à son père en septembre 1795, époque à laquelle il était capitaine d'artillerie, grade dont alors il donna sa démission. Il mourut à Paris le 18 auguste 1840. Il était électeur, musicien, et ne manquait pas d'instruction littéraire.

VI. L'Exécuteur actuel, M. Henri-Clément Sanson, fils du précédent, est né le 27 mai 1799, et fut pourvu de son office le 1er décembre 1840.

(14) Un autre de ses fils tomba de l'échafaud et resta mort le 27 auguste 1792, en montrant au peuple la tête d'un contrefacteur d'assignats. C'est du moins ce que nous apprennent les journaux du tems.

PIÈCES JUSTIFICATIVES.

I

I *Avis motivé sur le mode de la décollation.*

Le comité de législation m'a fait l'honneur de me consulter sur deux lettres écrites à l'Assemblée Nationale, concernant l'exécution de l'article III (du titre 1er) du Code Pénal, que *tout condamné* à la peine de mort *aura la tête tranchée*. Par ces lettres, M. le Ministre de la justice et le Directoire du département de Paris, d'après les représentations qui leur ont été faites, jugent qu'il est de nécessité instante de déterminer avec précision la manière de procéder à l'exécution de la loi, dans la crainte que, si par la défectuosité du moyen, ou faute d'expérience et par maladresse, le supplice devenait horrible pour le patient et pour les spectateurs, le peuple par humanité n'eût occasion d'être injuste et cruel envers l'exécuteur : ce qu'il est important de prévenir (1).

J'estime que les représentations sont justes, et les craintes

---

(1) Voir, dans les Pièces Justificatives N° 11, un *Mémoire* inédit et fort judicieux de Sanson lui-même, *sur l'exécution de la tête tranchée*, pour laquelle il avait d'abord été question d'employer simplement l'épée ou damas dont on se servait pour les décapitations des gentilshommes condamnés à mort.   L. D. B.

bien fondées; l'expérience et la raison démontrent également que le mode en usage par le passé pour trancher la tête à un criminel, l'expose à un supplice plus affreux que la simple privation de la vie, qui est le vœu formel de la loi : pour le remplir, il faut que l'exécution soit faite en un instant et d'un seul coup; les exemples prouvent combien il est difficile d'y parvenir.

On doit rappeler ici ce qui a été observé à la décapitation de M. de Lally; il était à genoux, les yeux bandés; l'exécuteur l'a frappé à la nuque; le coup n'a point séparé la tête, et ne pouvait le faire. Le corps, à la chute duquel rien ne s'opposait, a été renversé en devant, et c'est par trois ou quatre coups de sabre que la tête a été enfin séparée du tronc: on a vu avec horreur cette *hacherie*, s'il est permis de créer ce terme.

En Allemagne, les exécuteurs sont plus expérimentés, par la fréquence de ces sortes d'expéditions, principalement parceque les personnes du sexe féminin, de quelque condition qu'elles soient, ne subissent point d'autre supplice; cependant la parfaite exécution manque souvent malgré la précaution, en certains lieux, de fixer le patient assis dans un fauteuil.

En Danemarck, il y a deux positions et deux instrumens pour décapiter. L'exécution qu'on pourrait appeler *honorifique* se fait avec un sabre; le criminel, à genoux, a un bandeau sur les yeux, et ses mains sont libres. Si le supplice doit être infamant, le patient lié est couché sur le ventre, et on lui coupe la tête avec une hache.

Personne n'ignore que les instrumens tranchans n'ont que peu ou point d'effet lorsque ils frappent perpendiculairement : en les examinant au microscope, on voit qu'ils ne sont que des scies plus ou moins fines qu'il faut faire agir en glissant sur le corps à diviser. On ne réussirait pas à décapiter d'un seul coup avec une hache ou couperet, dont le tranchant serait en ligne droite; mais, avec un tranchant convexe, comme aux anciennes haches d'armes, le coup asséné n'agit perpendiculairement qu'au milieu de la portion du cercle; mais l'instrument, en pénétrant dans la continuité des parties qu'il divise, a sur les côtés une action oblique en glissant, et atteint sûrement au but.

En considérant la structure du col, dont la colonne vertébrale est le centre, composée de plusieurs os dont la connexion forme des enchevauchures, de manière qu'il n'y a pas de joint à chercher, il n'est pas possible d'être assuré d'une promte et parfaite séparation en la confiant à un agent susceptible de varier en adresse par des causes morales et physiques : il faut nécessairement, pour la certitude du procédé, qu'il dépende de moyens mécaniques invariables, dont on puisse également déterminer la force et l'effet. C'est le parti qu'on a pris en Angleterre : le corps du criminel est couché sur le ventre entre deux poteaux barrés par le haut par une traverse, d'où l'on fait tomber sur le col la hache convexe au moyen d'une déclique. Le dos de l'instrument doit être assez fort et assez lourd pour agir efficacement, comme le mouton qui sert à enfoncer des pilotis. On sait que sa force augmente en raison de la hauteur d'où il tombe.

Il est aisé de faire construire une pareille machine, dont l'effet est immanquable. La décapitation sera faite en un instant, suivant l'esprit et le vœu de la nouvelle loi ; il sera facile d'en faire l'épreuve sur des cadavres, et même sur un mouton vivant. On verra s'il ne serait pas nécessaire de fixer la tête du patient par un croissant qui embrasserait le col au niveau de la base du crâne. Les cornes ou prolongemens de ce croissant pourraient être arrêtés par des clavettes sous l'échafaud ; cet appareil, s'il paraît nécessaire, ne ferait aucune sensation, et serait à peine aperçu.

Consulté à Paris, le 7 mars 1792

Signé : LOUIS,
Secrétaire perpétuel de l'Académie de Chirurgie.

II

MÉMOIRE

D'observations sur l'exécution de la tête tranchée, avec la nature des différens inconvéniens qu'elle présente, et dont elle sera vraiment susceptible.

SAVOIR :

Pour que l'exécution puisse se terminer suivant l'intention de la loi, il faut que, sans aucun obstacle de la part du condamné, l'exécuteur se trouve être encore très adroit, le condamné très ferme, sans quoi l'on ne parviendra jamais à terminer cette exécution avec l'épée, sans qu'il arrive des scènes dangereuses.

A chaque exécution, l'épée n'est plus en état d'en faire une autre : étant sujette à s'ébrécher, il est absolument nécessaire qu'elle soit repassée et affilée de nouveau, s'il se trouve plusieurs condamnés à exécuter au même instant ; il faudra donc avoir un nombre d'épées suffisant et toutes prêtes. Cela prépare des difficultés très grandes et presque insurmontables.

Il est à remarquer encore que très souvent les épées ont été cassées en pareilles exécutions.

L'exécuteur de Paris n'en possède que deux, lesquelles lui ont été données par le ci-devant Parlement de Paris. Elles ont coûté 600 livres pièce.

Il est à examiner que, lorsque il y aura plusieurs condamnés qui seront exécutés au même instant, la terreur que présente cette exécution, par l'immensité de sang qu'elle produit, et qui se trouve répandu, portera l'effroi et la faiblesse dans l'âme du plus intrépide de ceux qui resteront à exécuter. Ces faiblesses produiront un obstacle invincible à l'exécution. Le sujet ne pouvant plus se soutenir, si l'on veut passer outre, l'exécution deviendra une lutte et un massacre.

A en juger par les exécutions d'un autre genre, qui n'apportent pas à beaucoup près les précisions que celle-ci demande, on a vu les condamnés se trouver mal à l'aspect de leurs complices suppliciés, au moins avoir des faiblesses, la peur : tout cela s'oppose à l'exécution de la tête tranchée avec l'épée. En effet, comment supporter le coup-d'œil d'une exécution la plus sanguinaire, sans faiblesse.

Dans les autres genres d'exécution, il était très facile de dérober ces faiblesses au public, parceque l'on n'avait pas besoin pour la terminer, qu'un condamné reste ferme et sans terreur; mais dans celle-ci, si le condamné fléchit, l'exécution sera manquée.

Peut-on être le maître d'un homme qui ne voudra ou ne pourra plus se tenir?

Il paraît cependant que l'Assemblée Nationale n'avait décrété ce genre d'exécution que pour éviter les longueurs que les anciennes exécutions présentaient.

C'est en conséquence de ces vues d'humanité, que j'ai l'honneur de prévenir sur tous les accidens que cette exécution produira si on la fait exécuter avec l'épée. Il serait, je crois, trop tard de porter le remède à ces accidens, s'ils n'étaient connus que par leur malheureux usage.

Il est donc indispensable que, pour remplir les vues d'humanité que l'Assemblée Nationale s'est proposées, de trouver un moyen qui puisse fixer le condamné, au point que l'exécution ne puisse devenir douteuse, et par ces moyens éviter les longueurs, et en fixer la certitude. Par-là, on remplira l'intention du Législateur, et on se mettra à couvert de l'effervescence du public.

III

SUR L'INIMITABLE MACHINE DU MÉDECIN GUILLOTIN, PROPRE A COUPER LES TÊTES, ET DITE DE SON NOM GUILLOTINE.

Air : Du Menuet d'Exaudet.

    Guillotin,
    Médecin
    Politique,
Imagine un beau matin
Que pendre est inhumain
Et peu patriotique.
    Aussitôt
    Il lui faut
    Un supplice
Qui, sans corde ni poteau,
Supprime du bourreau
    L'office.

C'est en vain que l'on publie
Que c'est pure jalousie
    D'un suppôt
    Du tripot
    D'Hippocrate,
Qui d'occire impunément,
Même exclusivement,
    Se flatte.

PIÈCES JUSTIFICATIVES.

　　　　Le romain
　　　　Guillotin,
　　　Qui s'apprête,
　Consulte gens du métier,
　　Barnave et Chapelier,
　　Même le Coupe-Tête (2),
　　　　Et sa main
　　　　Fait soudain
　　　　La machine,
　Qui simplement nous tûra
　　Et que l'on nommera
　　　　Guillotine.

---

(2) Barnave et Le Chapelier n'étaient pas cruels, quoique le premier eût, dans une improvisation, laissé échapper un mot qui paraissait l'être. Quant au Coupe-Tête, ce sobriquet avait été donné au lieutenant-général de police Machault, à cause de sa dureté et de sa cruauté ; mais ici ce sobriquet désigne avec plus de raison ce fameux Jourdan, si connu par ses meurtres du 6 octobre 1789, peu de tems avant la composition de la chanson sur la Guillotine. C'est le même qui depuis commit tant d'horreurs dans le Comtat. 　　L. D. B.

LÉGENDE DE LA GRAVURE.

A. Poteaux.

B. Traverse.

C. Hache convexe du poids d'un quintal, attachée par deux anneaux, et qui tombe en glissant entre deux rainures.

D. Les deux rainures.

E. Planche immobile qui couvre la hache convexe avant l'exécution.

F. Corde qui roule sur la poulie et qui tient à une déclique.

G. Hache concave à demeure, sur laquelle se réunit la convexe lorsque elle tombe.

H. Planche à laquelle il faut donner la même concavité qu'à la hache. Cette planche s'échappe par le bas au moment où la hache convexe se réunit à la concave : ce qui a lieu par un rappel mécanique.

I. Echafaud auquel on donnera l'étendue convenable, afin que le patient puisse se coucher sur le ventre, de manière qu'il soit décollé conformément à la Consultation ou Avis du docteur Louis.

FIN.

AVIS.

Le même Libraire offre au public, à des prix fort modérés, les divers articles d'une collection considérable de pièces curieuses et fort importantes, relatives à la Révolution : telles que Journaux, Brochures, Pamphlets, Notices, Écrits divers des hommes les plus remarquables de cette époque. Il complète les ouvrages défectueux.

S'adresser à lui par lettres affranchies.

Rambouillet, imprimerie de RAYNAL.

Printed by Libri Plureos GmbH in Hamburg, Germany